Ernst Probst

Die Arbon-Kultur in Deutschland

Eine Kultur der Bronzezeit von etwa 1800 bis 1600 v. Chr.

Der GRIN Verlag publiziert seit 1998 wissenschaftliche Arbeiten von Studenten, Hochschullehrern und anderen Akademikern als eBook und gedrucktes Buch. Die Verlagswebsite www.grin.com ist die ideale Plattform zur Veröffentlichung von Hausarbeiten, Abschlussarbeiten, wissenschaftlichen Aufsätzen, Dissertationen und Fachbüchern.

Dokument Nr. V182764 aus dem GRIN Verlagsprogramm

Ernst Probst

Die Arbon-Kultur in Deutschland

Eine Kultur der Bronzezeit von etwa 1800 bis 1600 v. Chr.

GRIN Verlag

Die Deutsche Bibliothek verzeichnet diese Publikation in der Deutschen Nationalbibliografie; detaillierte bibliografische Daten sind im Internet über http://dnb.d-nb.de/ abrufbar.

Dieses Werk sowie alle darin enthaltenen einzelnen Beiträge und Abbildungen sind urheberrechtlich geschützt. Jede Verwertung, die nicht ausdrücklich vom Urheberrechtsschutz zugelassen ist, bedarf der vorherigen Zustimmung des Verlages. Das gilt insbesondere für Vervielfältigungen, Bearbeitungen, Übersetzungen, Mikroverfilmungen, Auswertungen durch Datenbanken und für die Einspeicherung und Verarbeitung in elektronische Systeme. Alle Rechte, auch die des auszugsweisen Nachdrucks, der fotomechanischen Wiedergabe (einschließlich Mikrokopie) sowie der Auswertung durch Datenbanken oder ähnliche Einrichtungen, vorbehalten.

1. Auflage 2011
Copyright © 2011 GRIN Verlag GmbH
http://www.grin.com
Druck und Bindung: Books on Demand GmbH, Norderstedt Germany
ISBN 978-3-656-07112-9

*Teilansicht des Menhirs
mit Darstellung von Stabdolchen und einer Scheibe
aus der Frühbronzezeit
(etwa 2300/2200 bis 1600 v. Chr.)
von Tübingen-Weilheim in Baden-Württemberg.*

Ernst Probst

Die Arbon-Kultur in Deutschland

Eine Kultur der Bronzezeit
von etwa 1800 bis 1600 v. Chr.

Widmung

Den Wissenschaftlern gewidmet,
die mich bei meinem Buch
»Deutschland in der Bronzezeit« (1996)
bei den Recherchen über Kulturen
der Frühbronzezeit
besonders unterstützt haben:

Dr. Gretel Gallay (heute Callesen), Nidderau
Professor Dr. Hans-Eckart Joachim, Bonn
Professor Dr. Horst Keiling, Schwerin
Professor Dr. Rüdiger Krause, Frankfurt am Main
Dr. Friedrich Laux, Hamburg
Dr. Peter Schröter, München
Dr. Klaus Simon, Dresden

Vorwort

Eine Kultur der Bronzezeit, die von etwa 1800 bis 1600 v. Chr. gebietsweise im südlichen Baden-Württemberg und in Bayern existierte, steht im Mittelpunkt des Taschenbuches »Die Arbon-Kultur in Deutschland«. Geschildert werden die Anatomie und Krankheiten der damaligen Ackerbauern, Viehzüchter und Bronzegießer, ihre Siedlungen, Kleidung, ihr Schmuck, ihre Keramik, Werkzeuge, Waffen, Haustiere, Jagdtiere, ihr Verkehrswesen, Handel, ihre Kunstwerke und Religion.
Verfasser dieses Taschenbuches ist der Wiesbadener Wissenschaftsautor Ernst Probst. Er hat sich vor allem durch seine Werke »Deutschland in der Urzeit« (1986), »Deutschland in der Steinzeit« (1991) und »Deutschland in der Bronzezeit« (1996) einen Namen gemacht.
Das Taschenbuch »Die Arbon-Kultur in Deutschland« ist Dr. Gretel Gallay (heute Callesen), Professor Dr. Hans-Eckart Joachim, Professor Dr. Horst Keiling, Professor Dr. Rüdiger Krause, Dr. Friedrich Laux, Dr. Peter Schröter und Dr. Klaus Simon gewidmet, die den Autor mit Rat und Tat bei seinen Recherchen über Kulturen der Frühbronzezeit unterstützt haben.

Inhalt

Vorwort / Seite 7

Die Frühbronzezeit in Deutschland
Abfolge und Verbreitung der Kulturen und Gruppen /
Seite 13

»Brotlaib-Idole« am Bodensee
Die Arbon-Kultur
von etwa 1800 bis 1600 v. Chr. / Seite 19

Anmerkungen / Seite 41

Literatur / Seite 47

Bildquellen / Seite 55

Der Autor Ernst Probst / Seite 57

Bücher von Ernst Probst / Seite 59

*Der dänische Archäologe
Christian Jürgensen Thomsen (1788–1865)
hat 1836 die Urgeschichte
nach dem jeweils am meisten verwendetem Rohstoff
in drei Perioden eingeteilt:
Steinzeit, Bronzezeit und Eisenzeit.*

PAUL REINECKE,
geboren am 25. September 1872
in Berlin-Charlottenburg,
gestorben am 12. Mai 1958 in Herrsching.
Er wirkte 1897 bis 1908
am Römisch-Germanischen Zentralmuseum
in Mainz. 1908 bis 1937
war er Hauptkonservator
am Bayerischen Landesamt
für Denkmalpflege in München.
1917 wurde er kgl. Professor.
Reinecke teilte 1902 die Bronzezeit
in die Stufen A bis D ein.
1902 sprach er von der Straubinger Kultur
sowie von der Grabhügelbronzezeit
und später von der Hügelgräber-Bronzezeit.

Die Frühbronzezeit in Deutschland

Abfolge und Verbreitung der Kulturen und Gruppen

Die Frühbronzezeit (Bronzezeit A) wurde in Deutschland zunächst in eine ältere Stufe (A 1) und in eine jüngere Stufe (A 2) unterteilt. Jene Gliederung aus dem Jahre 1924 geht auf den damals in München arbeitenden Prähistoriker Paul Reinecke (1872–1958) zurück. Er hatte sie anfangs nur als Unterteilung der Straubinger Kultur vorgesehen, später wurde sie von anderen Autoren auf frühbronzezeitliche Kulturen in Süd- und Mitteldeutschland übertragen. Heute teilt man die Frühbronzezeit entweder in drei Abschnitte (Stufen A 1, A 2, A 3) oder in vier Abschnitte (Phasen 1, 2, 3, 4) ein. Einer der ersten, der eine Dreigliederung vorschlug, war 1957 der damals in München tätige Prähistoriker Rolf Hachmann. Die Gliederung in vier Abschnitte wurde 1964 durch den Münchener Prähistoriker Rainer Christlein (1940–1983) vorgenommen.

In Mitteldeutschland gab die Aunjetitzer Kultur den Auftakt zur Frühbronzezeit. Diese existierte etwa von 2300 bis 1600/1500 v. Chr.[1] Die Aunjetitzer Kultur war in der Stufe A 1 in Thüringen, Sachsen und Sachsen-Anhalt heimisch. In der Stufe A 2 breitete sie sich auch ins östliche Niedersachsen und nach Brandenburg aus.

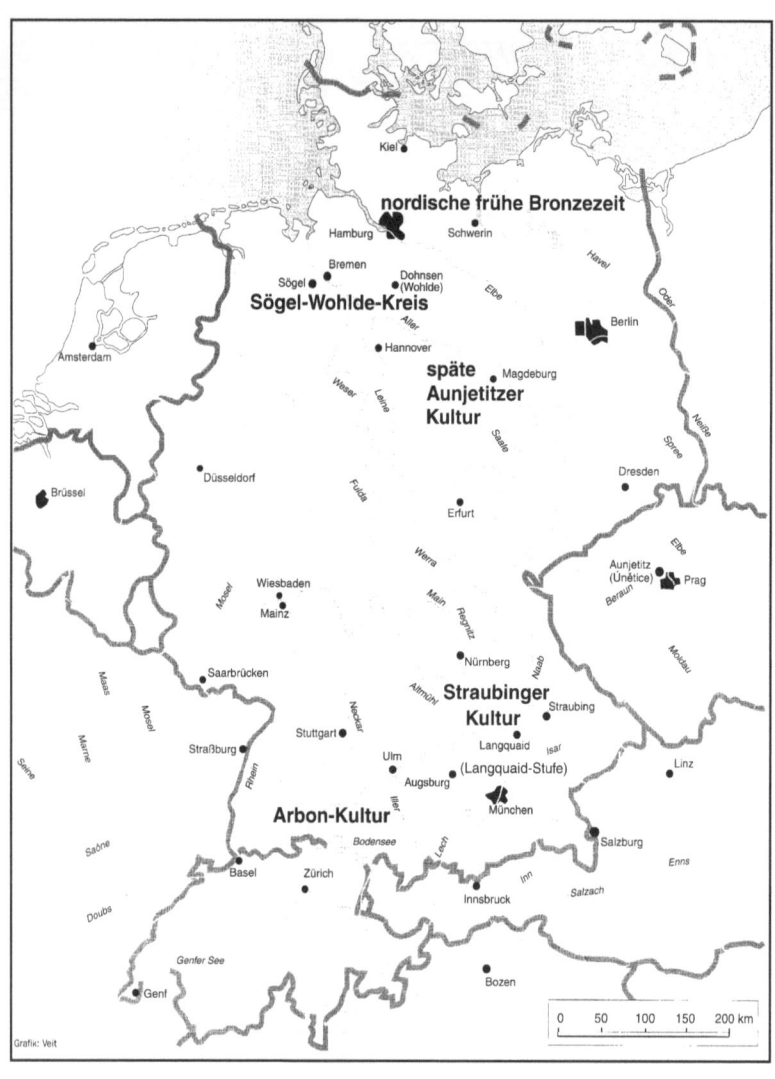

Verbreitung der Kulturen und Gruppen während der jüngeren Frühbronzezeit (etwa 1800 bis 1500 v. Chr.) in Deutschland

*Bronzener Schmuck einer Frau der Straubinger Kultur
(etwa 2300 bis 1600 v. Chr.) in Bayern*

Die Funde der Aunjetitzer Kultur in Mecklenburg-Vorpommern sind lediglich Importe.

Im östlichen Süddeutschland begann die Frühbronzezeit mit der Straubinger Kultur. Sie behauptete sich ungefähr von 2300 bis 1600 v. Chr. in Südbayern (Niederbayern, Oberbayern sowie teilweise in der Oberpfalz und Schwaben). Ihr jüngerer Abschnitt wird auch als Langquaid-Stufe bezeichnet.

Westlich an die Straubinger Kultur grenzte die Singener Gruppe an. Sie existierte in südlichen Teilen Baden-Württembergs um 2300/2200 bis 1800 v. Chr. Die etwa gleichaltrigen Gräber am Ober- und Hochrhein werden der Oberrhein-Hochrhein-Gruppe zugerechnet. Zwischen etwa 1800 und 1600 v. Chr. war gebietsweise im südlichen Baden-Württemberg und in Bayern die Arbon-Kultur (s. S. 19) verbreitet.

Im Nördlinger Ries und im oberen Altmühltal bei Treuchtlingen unterschied sich die Ries-Gruppe vor allem durch ihre Grab- und Bestattungssitten von der teilweise gleichzeitigen Straubinger Kultur. Erstere Kulturstufe dauerte ungefähr von 2300/2200 bis 1800 v. Chr.

Im mittleren Neckarland behauptete sich um 2300/2200 bis 1800 v. Chr. die Neckar-Gruppe.

Nördlich der Neckar-Gruppe schloss sich in Südwestdeutschland die Adlerberg-Kultur an. Sie hielt sich etwa von 2100 bis 1800 v. Chr. gebietsweise in Rheinland-Pfalz, Hessen und im nördlichen Baden-Württemberg (Nordbaden).

Während der Frühbronzezeit gab es ein deutliches Kulturgefälle zwischen Norddeutschland und Nordrhein-Westfalen auf der einen Seite sowie Süd- und Mitteldeutschland auf der anderen Seite. Der Norden war damals in metalltechnischer Hinsicht rückschrittlicher als der Süden, wo die Neuerungen der Metallurgie früher Fuß fassten. Dies ist der Grund dafür, dass in Norddeutschland und in Nordrhein-Westfalen die Frühbronzezeit später begann als in Süd- und Mitteldeutschland. Im Norden existierten während der süddeutschen Frühbronzezeit noch Kulturen auf dem Niveau der späten Jungsteinzeit, allerdings mit einer zur Vollendung geführten Feuerstein-Technik.

Im östlichen Westfalen, im westlichen mittleren Niedersachsen und im südlichen Schleswig-Holstein markierte der Sögel-Wohlde-Kreis den Auftakt der Frühbronzezeit. Er ist von etwa 1600 bis 1500 v. Chr. nachweisbar und entspricht der frühen mittelbronzezeitlichen Hügelgräber-Kultur im Süden und Südosten.

In Mecklenburg-Vorpommern-Vorpommern gab es von etwa 1800 bis 1500 v. Chr. die nordische frühe Bronzezeit, die auch frühe Bronzezeit des Nordischen Kreises genannt wird. Sie beginnt mit einer Art Phasenverschiebung um eine Bronzezeitstufe später als die süd- und mitteldeutsche Frühbronzezeit. Die nordische frühe Bronzezeit entspricht der Periode I in der Chronologie des schwedischen Prähistorikers Oscar Montelius (1843–1921).

CHRISTIAN STRAHM,
*geboren am 1. Oktober 1937
in Niederwichtrach im Kanton Bern (Schweiz).
Er promovierte 1961
in Bern und arbeitete zunächst
am Bernischen Historischen Museum, Bern.
1964 ging er an die
Universität Freiburg/Breisgau,
wo er sich später habilitierte
und seit 1977 als Universitätsprofessor wirkt.
Von 1976 bis 1986
war er als außerordentlicher Professor
an der Universität Bern tätig.
1987 hat Strahm erstmals
den Begriff Arbon-Kultur verwendet
und 1992 genauer definiert.*

»Brotlaib-Idole« am Bodensee

Die Arbon-Kultur

In der jüngeren Frühbronzezeit von etwa 1800 bis 1600 v. Chr. war gebietsweise im südlichen Baden-Württemberg und in Bayern die Arbon-Kultur verbreitet. Den Begriff »Arbon-Kultur« hat 1987 der am Institut für Ur- und Frühgeschichte der Albert-Ludwigs-Universität Freiburg/Breisgau lehrende Prähistoriker Christian Strahm erstmals in einer Tabelle verwendet.
Dagegen sprach 1992 der Freiburger Prähistoriker Joachim Köninger von der »Arboner Gruppe«, die er anhand des Inventars aus Schicht C der Seeufersiedlung Bodmann-Schachen I am Bodensee umriss. Charakteristisch ist vor allem die in geometrischen Mustern reich ritz- und stichverzierte Keramik. Die Namen »Arbon-Kultur«, »Arboner Gruppe« oder »Arboner Kultur« beschreiben wohl die gleiche prähistorische Erscheinung der jüngeren Frühbronzezeit in Süddeutschland und der Nordschweiz.
Die Arbon-Kultur ist nach den Seeufersiedlungen von Arbon-Bleiche 2 am Bodensee im schweizerischen Kanton Thurgau benannt. Ihr werden in Baden-Württemberg Siedlungen am Bodensee, auf Flussterrassen, in Hanglage sowie auf Höhen zugerechnet. Auch in den Tälern der bayerischen Flüsse Lech und Isar hat es Höhensiedlungen jener Kultur gegeben.

*JOACHIM KÖNINGER,
geboren am 27. August 1956 in Stuttgart,
studierte in Tübingen und Freiburg/Breisgau.
Seit 1975 arbeitet er für das
Landesdenkmalamt (LDA) Baden-Württemberg.
Er leitet als freier Mitarbeiter
der Pfahlbauarchäologie
Bodensee-Oberschwaben des LDA
seit Anfang der achtziger Jahre
Sondagen in Moorsiedlungen
Oberschwabens und Tauchuntersuchungen
in Ufersiedlungen des Bodensees.
1992/93 hat er promoviert.
1992 schlug Köninger
den Begriff Arboner Gruppe vor.*

Fundschichten der Arbon-Kultur sind aus Bodman-Schachen I[1] (Kreis Konstanz) am Bodensee bekannt. Dort haben bereits in der älteren Frühbronzezeit Seeufersiedlungen existiert. Die Fundschichten der jüngeren Frühbronzezeit aus der zweiten Hälfte des 17. vorchristlichen Jahrhunderts repräsentieren Reste von Dörfern mit fünf bis neun Häusern, die Flächen zwischen 25 und 30 Quadratmetern hatten. Ein Jahrhundert später baute man die Häuser schon merklich größer. Sie waren nun dreischiffig und verfügten über einen Grundriss von etwa 42 Quadratmeter Fläche.

In Bodman-Schachen I wurden Getreidereste entdeckt, die von Emmer *(Triticum dicoccon)*, Einkorn *(Triticum monococcum)*, Gerste *(Hordeum vulgare)* und Dinkel *(Triticum spelta)* stammen. Aufgrund der nachgewiesenen Ackerbeikräuter dürfte es sich um Wintergetreide handeln. Das Getreide wurde vermutlich außerhalb des Dorfes gedroschen, weil die sonst häufig in den Siedlungsschichten vorkommenden Druschreste so gut wie fehlen. Die Äcker waren am nahen Hangfuß der Stockacher Berge angelegt worden. Dabei dürfte es sich um größere Nutzflächen gehandelt haben, was die Nutzung des Pflugs nahelegt.

Unter der pflanzlichen Nahrung hatten wildwachsende Früchte eine nicht geringzuschätzende Bedeutung. Gesammelt wurden Brombeeren *(Rubus fruticosus)*, Schwarzer Holunder *(Sambucus nigra)*, Haselnüsse *(Corylus avellana)*, Schlehen *(Prunus spinosa)*, Wildäpfel *(Malus sylvestris)* und Walderdbeeren *(Fragaria vesca)*. An ölhaltigen Pflanzen kamen Flachs *(Linum usitatissimum)* und Schlafmohn *(Papaver somniferum)* vor.

Die Wälder in der Ufersiedlung Bodman-Schachen I waren stark gelichtet. Das geht aus hohen Wildgras-Anteilen sowie Belegen von Pflanzen trockener Rasen in Pollenspektren ebenso hervor wie aus Funden von Makroresten in Siedlungsablagerungen. Demnach ist eine extensive Weidewirtschaft anzunehmen.
Entlang der Stockacher Ach standen in der Flussniederung Eschen *(Alnus)* und Pappeln *(Populus)*. Am Rand der Niederung, in der so genannten Hartholzaue, könnten Eichen- und Ulmenwälder gediehen sein. Auf dem umliegenden Bergland dürften Buchen *(Fagus)* dominiert haben.
An Haustieren sind in Bodman-Schachen I Schwein, Schaf oder Ziege und Rind belegt. Bei den wenigen Funden von Pferdeknochen ist unklar, ob diese von Wild- oder Haustieren stammen. Aufgrund der Kulturpflanzen und Haustierreste ist anzunehmen, dass die Bewohner Feldbau betrieben und Vieh hielten.
Auch die Jagd war für diese Bauern wichtig. Der Gewichtsanteil der Wildsäugetierrelikte an den insgesamt gefundenen Knochen lag dort in der jüngeren Frühbronzezeit nur wenig unter 50 Prozent. Es wurde also annähernd soviel Fleisch von Wild- wie von Haustieren gegessen.
Der Arbon-Kultur sind aufgrund der typischen in geometrischen Musterzonen verzierten Keramik hauptsächlich Seeufersiedlungen am Bodensee und Höhensiedlungen zuzurechnen. Inwiefern Einzelfunde vom flachen Land und Höhlenfunde regelrechte Siedlungen repräsentieren, konnte bislang nicht ermittelt werden.

Wie in der namengebenden Seeufersiedlung Arbon-Bleiche 2 in der Schweiz sind auch in Bodman-Schachen I am Bodensee viele üppig ritz- und stichverzierte Tongefäße zum Vorschein gekommen. Diese prächtige Keramik ist vor allem im 16. Jahrhundert v. Chr. modelliert worden und war schon etwa 100 Jahre später nicht mehr in Mode.

Zum keramischen Fundgut von Bodman-Schachen I zählten einige nur wenige Zentimeter lange und maximal zwei Zentimeter breite, stempelartige, gemusterte Tonobjekte. Solche Gegenstände, deren Zweck umstritten ist, bezeichnet man als »Brotlaib-Idole«. Sie wurden außer in Deutschland auch in Österreich, Tschechien, der Slowakei, Ungarn, Rumänien, Serbien, Oberitalien und Polen gefunden.

Die besten Vergleichsstücke für die »Brotlaib-Idole« von Bodman-Schachen I stammen aus Bayern, Niederösterreich und Tschechien. Ihre Hauptverbreitung liegt in Mittel- und Osteuropa sowie in Italien. Von wo aus die »Brotlaib-Idole« nach Süddeutschland gelangten, ist nicht sicher zu ermitteln. Kontakte über die Alpen hinweg nach Oberitalien, die durch Gusstiegel und verzierte Webgewichte in Bodman-Schachen I belegt sind, machen ihre Herkunft eher von dort wahrscheinlich.

Die »Brotlaib-Idole« aus Bodman-Schachen I sind nicht so hart wie Keramik, sondern lediglich schwach gebrannt oder nur an der Luft getrocknet worden. Deswegen eigneten sich die bruchgefährdeten Objekte nicht zum Transport über größere Entfernungen hinweg. Vermutlich hat der Austausch einer Idee zur Her-

*Verzierter tönerner Krug der Arbon-Kultur
(etwa 1800 bis 1600 v. Chr.)
aus der befestigten Höhensiedlung
auf dem Schlossberg in Landsberg am Lech in Bayern.
Höhe 19,5 Zentimeter.
Original in der Bayerischen Staatssammlung, München*

stellung der »Brotlaib-Idole« in Südwestdeutschland geführt.
Aus diesem Grund muss nach Ansicht von Experten mit engen Verbindungen zwischen den Kulturgruppen nördlich und südlich der Alpen gerechnet werden. Während der ganzen Frühbronzezeit scheint das süddeutsche Gebiet in ein europaweites Beziehungsgeflecht eingebunden gewesen zu sein.
Nur 20 Kilometer von Bodman-Schachen I entfernt lag in der östlichen Bucht der Bodenseeinsel Mainau die Seeufersiedlung Egg-Obere Güll[2] (Stadt Konstanz), die um 1620 v. Chr. erbaut worden ist. Sie wurde von einer massiven Wand aus dicht nebeneinanderstehenden 35 bis 45 Zentimeter breiten Eichenholzbohlen geschützt. Die Wand konnte bei den bisherigen Ausgrabungen auf einer Länge von etwa 40 Metern nachgewiesen werden. Sie verläuft geradlinig und knickt an beiden Enden im flachen Winkel zum Ufer hin ab.
Im Gegensatz dazu sind aus – dendrochronologisch nachgewiesenen – zeitgleichen Ufersiedlungen des Bodenseegebietes und der Schweiz nur offene oder von einfachen Palisaden umgebene Siedlungen bekannt. Hierin sehen Prähistoriker die besondere historische Bedeutung der Entdeckung in der Oberen Güll. Sie verrät, dass es am Bodensee außer einfachen bäuerlichen Ortschaften erstmals auch stark befestigte Anlagen gab. Somit dürften dort ab dem 17. Jahrhundert v. Chr. früheste lokale Machtzentren entstanden sein.
Siedlungen des vergleichbaren Typs existierten im Bereich der frühbronzezeitlichen Kulturen der Slowakei und in Ungarn sowie in Mitteldeutschland und

Zeichnung auf Seite 25:

*Arbeitssituation bei den
archäologischen Tauchuntersuchungen
aus dem Jahre 1994
im Bereich der heute unter Wasser liegenden
frühbronzezeitlichen Seeufersiedlung
Egg-Obere Güll (Stadt Konstanz)
in Baden-Württemberg.*

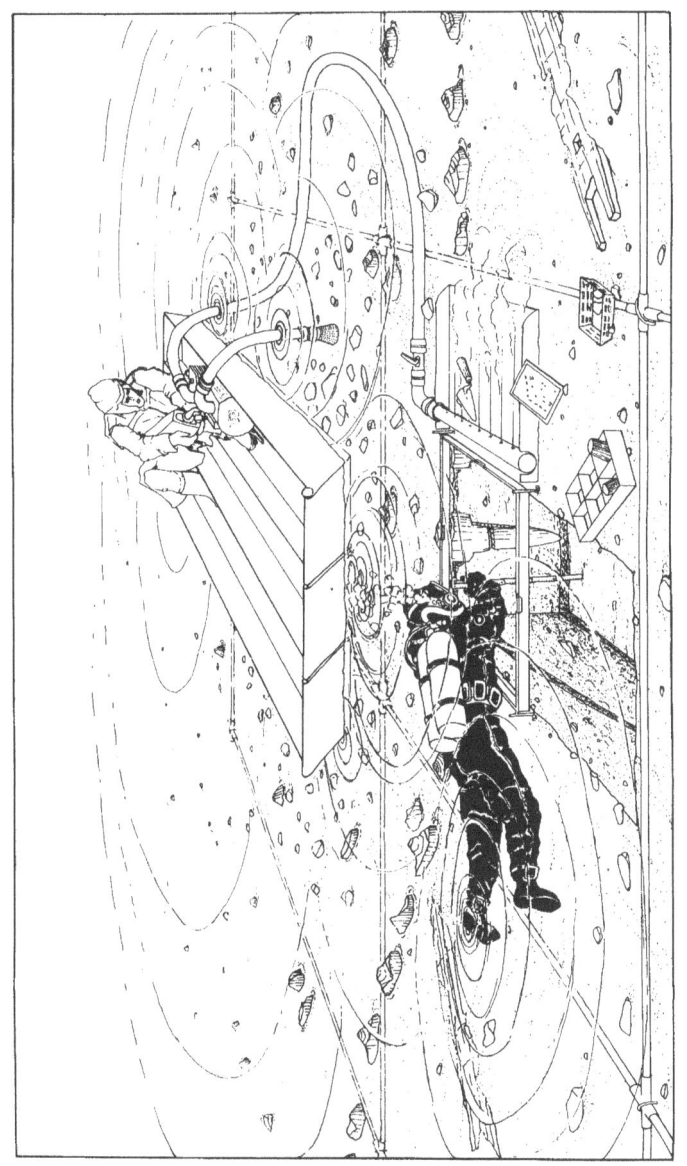

Tschechien. In der Slowakei und in Ungarn spiegeln sie sich durch stark befestigte Höhensiedlungen wider, in Mitteldeutschland und in Tschechien durch »Fürstengräber« der Aunjetitzer Kultur.

In Oberschwaben scheint es bereits früher als am Bodensee ein Machtzentrum gegeben zu haben. Denn die befestigte »Siedlung Forschner«[3] am Federsee (Kreis Biberach) hat – dendrochronologischen Untersuchungen zufolge – schon um die Mitte des 18. Jahrhunderts v. Chr. bestanden. Diesen Siedlungsplatz umgab man 1767/66 mit einer Palisade. Nach dem Bau eines Hauses um 1760 v. Chr. wurde die Siedlung durch eine zweischalige Holzmauer eingefasst, deren Zwischenraum man mit Erde füllte. Der Innenraum war mit etwa 50 meistens haufenartig angeordneten Häusern bebaut.

Der wehrhafte Charakter des etwa 8.000 Quadratmeter großen Komplexes im Moor, insbesondere seine Bebauungsfolge, spricht nach Ansicht des Stuttgarter Prähistorikers Erwin Keefer für ein starkes Sicherheits- und Schutzbedürfnis der Erbauer. Um 1737 v. Chr. ersetzte man in den Häusern, der Mauer und den Palisaden einzelne Pfosten. Danach brach die nachweisbare Bautätigkeit ab. Wann und warum die Siedlung verlassen wurde, ist nicht geklärt. Dabei könnte der Anstieg des Federseepegels eine Rolle gespielt haben. Etwa 250 Jahre später wurde in der Mittelbronzezeit an der gleichen Stelle eine Siedlung errichtet.

Im Fundgut der frühbronzezeitlichen »Siedlung Forschner« sind häufig Scherben und Gefäßfragmente vertreten, die den Aunjetitzer Formen ähneln. Die Aunjetitzer Kultur war in der Slowakei, in Tschechien

und in Mitteldeutschland beheimatet. Möglicherweise standen die Bewohner dieses Dorfes in Konkurrenz zur Bevölkerung der Arbon-Kultur, die sich längs der Donau und im Bodenseegebiet niedergelassen hatte. Die vereinzelt in Spülsäumen am Rand der »Siedlung Forschner« vorkommenden, typisch reich ritz-und stichverzierten Scherben der Arbon-Kultur werden als Belege für derartige Kontakte interpretiert.
Wie die »Siedlung Forschner« lässt sich auch die frühbronzezeitliche Höhensiedlung auf dem Veitsberg bei Ravensburg[4] (Kreis Ravensburg) nicht der Arbon-Kultur zuordnen. Vielleicht gehörten die Bewohner dieser beiden ungleichen Siedlungen zur selben Kultur. Unter den Tonscherben auf dem Veitsberg fanden sich Bruchstücke einer importierten Unterwölblinger Tasse der Unterwölblinger Gruppe aus Niederösterreich.
Unsicher ist die Zugehörigkeit der Siedlung von Neuhausen auf den Fildern (Kreis Esslingen) zur Arbon-Kultur. Bei den dortigen Funden aus der jüngeren Frühbronzezeit handelt es sich ausnahmslos um Keramikreste, die von Sammlern in der Lehmgrube auf der Flur »Egelsee« aufgelesen wurden. Dass nicht nur die Seeufer und Höhen besiedelt waren, belegen zahlreiche Fundstellen in Hang- und Tallage.
Hauptsächlich entlang der Donau, aber auch am Neckar, am Lech, im Tal der Isar und am Nordabhang der Schwäbischen Alb waren zahlreiche Höhensiedlungen der Arbon-Kultur gegründet worden. Die für sie charakteristische Keramik mit den üppigen Ornamenten wurde auf dem Kirchberg bei Ammerbuch-Reusten[5] (Kreis Tübingen), auf dem Lochenstein[6] (Kreis

*Nach dem Zahnarzt und Urgeschichtsforscher
Heinrich Forschner (1880–1959) aus Biberach
ist die früh- und mittelbronzezeitliche »Siedlung Forschner«
am Federsee bei Bad Buchau (Kreis Biberach)
in Baden-Württemberg benannt.*

Foto auf Seite 31:

*Modell der frühbronzezeitlichen »Siedlung Forschner«
am Federsee bei Bad Buchau (Kreis Biberach).
Sie war mit Palisaden sowie einer Mauer
aus Holz und Erde befestigt.
Modell im Archäologischen Landesmuseum
Baden-Württemberg, Außenstelle Konstanz*

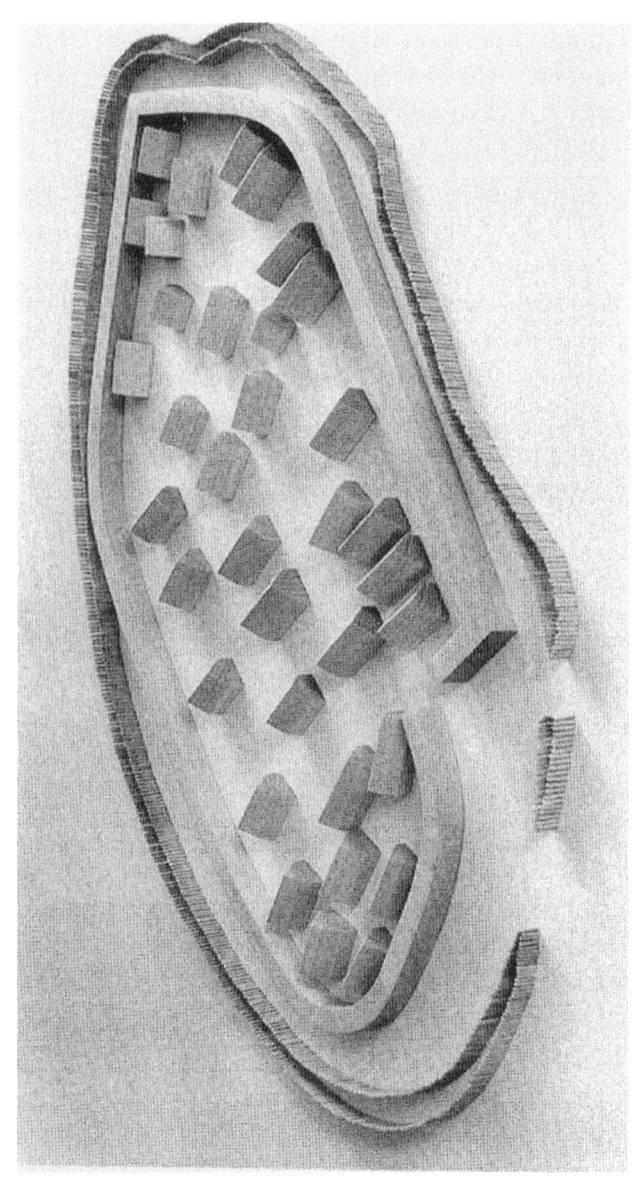

Balingen) und auf dem Schlossberg von Ulm/Ehrenstein[7] (Alb-Donau-Kreis) in Baden-Württemberg sowie auf dem Schlossberg von Landsberg am Lech[8] und auf dem Domberg von Freising[9] in Bayern gefunden. Über die Bebauung der Höhensiedlungen weiß man wenig. Spuren von Hausgrundrissen fehlen weitgehend.

Die ehemals vorhandenen Befestigungswerke sind bei Anlagen der Arbon-Kultur ebenfalls kaum erhalten geblieben. Tönernes Geschirr mit deutlichen Brandeinwirkungen auf dem Schlossberg von Landsberg am Lech bezeugt, dass die Bewohner dieser Höhensiedlung in kriegerische Auseinandersetzungen verwickelt waren.

Keramikreste aus der jüngeren Frühbronzezeit in etlichen Höhlen bezeugen ebenfalls die Anwesenheit von Angehörigen der Arbon-Kultur. Zu diesen Fundorten gehören die Höhle Haus bei Heubach (Ostalbkreis) und die Burghöhle von Dietfurt (Kreis Sigmaringen) an der Donau. Ob die Höhlen regelrecht besiedelt wurden, ist zweifelhaft. Vielmehr dürften sie als vorübergehende Aufenthaltsorte gedient haben.

Die Arbon-Kultur und die östlich benachbarte Straubinger Kultur traten nicht flächendeckend auf. Ihre Siedlungen lagen an den Hauptverkehrswegen der damaligen Zeit. Da beide Kulturen bis hin zu den Kupfererzlagerstätten der Alpen durch Funde nachweisbar sind, dürfte ihr Verbreitungsbild in engem Zusammenhang mit dem Bronzehandel zu sehen sein. Werkzeuge und Schmuckstücke wurden von den Metallhandwerkern der Arbon-Kultur im Gussverfahren hergestellt. Zu diesem Zeitpunkt muss die Technik des Bronzegießens schon eine längere Tradition gehabt haben. Auch kleinere Objekte wie Schmucknadeln hat man hohl auf einem Tonkern gegossen, was auf ein hohes Können der Bronzegießer schließen lässt. Nach heutigem Kenntnisstand tauchten gegossene Objekte in Südwestdeutschland erstmals um 1800 v. Chr. auf. Während in der älteren Frühbronzezeit noch Salez-Beile und Ösenringbarren als Rohmetallformen dienten, scheinen in der jüngeren Frühbronzezeit vor allem spangenförmig gebogene Barren (Spangenbarren) üblich gewesen zu sein. In Bermatingen[10] (Bodenseekreis) kam ein Depot mit 66 Spangenbarren im Gesamtgewicht von 5,4 Kilogramm zum Vorschein. Diese Barren sind jeweils etwa 29 Zentimeter lang sowie maximal 1,5 Zentimeter breit und maximal einen Zentimeter dick. Eine typische Beilform der jüngeren Frühbronzezeit waren die nach einem bayerischen Fundort benannten Langquaid-Beile mit halbkreisförmiger Schneide.

Eine bemerkenswerte Fundlandschaft aus der jüngeren Frühbronzezeit konzentriert sich – so schrieb 1988 der Stuttgarter Prähistoriker Rüdiger Krause – auf das Neckargebiet zwischen Reutlingen und Rottenburg. Dort sind Einflüsse und Importe aus dem Bereich der erwähnten Aunjetitzer Kultur und aus den Alpen feststellbar.

Aus dem Verbreitungsbereich der Aunjetitzer Kultur stammen eine gegossene bronzene Armstulpe aus Weil im Schönbuch (Kreis Böblingen) und eine Stabdolchklinge aus Rottenburg-Kiebingen (Kreis Tübingen). Die beiden verzierten Objekte sind Einzelfunde.

*Menhir mit Darstellung von Stabdolchen und einer Scheibe aus der Frühbronzezeit (etwa 2300/2200 bis 1600 v. Chr.) von Tübingen-Weilheim in Baden-Württemberg.
Heutige Höhe 4,25 Meter. Der Menhir steht etwa 50 Meter vom Fundort entfernt.*

Die Armstulpe ist 9,5 Zentimeter lang, hat einen Durchmesser von sieben Zentimetern, und ihr Blech ist zwei bis drei Millimeter dick. Die Stabdolchklinge misst 22,6 Zentimeter. Stabdolche dienten nicht als Waffen, sondern eher als Herrschafts- und Würdezeichen.

Als Funde alpiner Herkunft gelten ein 22,5 Zentimeter langes Randleistenbeil sowie ein 17,5 Zentimeter langer Dolch mit sechsnietiger Griffplatte und 6,2 Prozent Zinnanteil aus Rottenburg (Kreis Tübingen). Letzteres Objekt wurde zusammen mit zwei Ösenhalsringen und einem Beilfragment entdeckt und hat die besten Vergleichsstücke im südwestschweizerischen Alpenraum und am Genfer See.

Einmalig nördlich der Alpen ist der imposante Statuenmenhir aus Tübingen-Weilheim[11]. Auf dem ehemals 4,50 Meter großen Block aus Sandstein sind auf der Vorderseite die mit einem spitzen Werkzeug herausgearbeiteten Reliefs von fünf frühbronzezeitlichen Stabdolchen und eine ovale Scheibe mit einem maximalen Durchmesser von 40 Zentimetern zu sehen. Die übereinandergestellten Stabdolche nehmen eine Fläche von 1,75 Metern ein. Die gesamte Rückseite des Pfeilers ist mit näpfchenartigen Vertiefungen und Rillen verziert.

Der pfeilerartige Stein – ein Findling – von Tübingen-Weilheim dürfte vom südlich der Fundstelle gelegenen Höhenzug »Rammert« geholt worden sein. Der Pfeiler wurde einst etwa einen Meter tief in den Boden eingegraben und ragte demnach 3,50 Meter über die Erdoberfläche. Die besonders dekorative Vorderseite mit den Stabdolchen und der Scheibe war nach Westen gerichtet.

Das geheimnisvolle Kunstwerk von Tübingen-Weilheim ähnelt den Statuenmenhiren aus Südtirol und Darstellungen auf Felsbildern in Oberitalien. So gleichen die Stabdolche von Tübingen-Weilheim Darstellungen auf den Südtiroler Menhiren von Algund, Lengstein und Tötschling sowie jenen auf einem Felsbild von Montecchio im Valcamonica, einem Alpental nördlich des Iseo-Sees in Oberitalien.

Gruppenweise angeordnete Stabdolche gehören auch zu den Motiven bronzezeitlicher Felsbilder am Monte Bégo in den Alpes Maritimes an der italienisch-französischen Grenze. In dieser einsamen Bergregion war in mehr als 2000 Meter Höhe eine Kultstätte angelegt worden. Auf den Felsbildern des Monte Bégo tragen Menschen bei rituellen Handlungen überdimensionale Stabdolche an langen Stangen. Und auf Felsblöcken im Valcamonica und im Veltlin werden Stabdolche häufig zusammen mit Sonnensymbolen dargestellt, die auf einen Sonnenkult schließen lassen.

Der Tübinger Prähistoriker Hartmann Reim, der den Statuenmenhir von Tübingen-Weilheim untersucht hat, nimmt an, dass diesem Fund eine Funktion im Bereich des Kultisch-Religiösen zukam. Zumindest aber belegt er Kontakte des Neckarraumes um Tübingen mit der Alpenregion und Oberitalien. Eine Replik des Menhirs steht heute etwa 50 Meter von der Fundstelle entfernt.

Frühbronzezeitliches Alter vermutet Hartmann Reim auch für das mutmaßliche Fragment eines Menhirs aus

Rottenburg-Lindele[12] (Kreis Reutlingen). Das Bruchstück ist 99 Zentimeter lang, 67 Zentimeter breit, 33 Zentimeter dick und zeigt in flachem Relief zwei mit schmalen Stegen verbundene Ringe. Reim deutet dieses Motiv als Teil der abstrakten Darstellung eines zwei- oder vierrädrigen Wagens ähnlich jenen auf Felsbildern im Valcamonica. Der Menhir wurde in 270 Meter Entfernung von einem Friedhof der älteren Frühbronzezeit in Rottenburg-Herderstraße[13] geborgen.

Aus ganz Südwestdeutschland sind bisher nur wenige Bestattungen der jüngeren Frühbronzezeit bekannt. Eine davon lag bei Reutlingen[14] am Fuß der Schwäbischen Alb, andere befanden sich in Bodman-Ludwigshafen[15] (Kreis Konstanz) am Bodensee. Die Gräber waren – mit wenigen Ausnahmen – leer.

Bei Reutlingen hatte man das Skelett eines Menschen gefunden, der in Hockerstellung mit zum Körper hin angezogenen Beinen bestattet worden war. Zu seinen Grabbeigaben gehörten ein 14,7 Zentimeter langer Dolch des Schweizer Typs[16] oder Alpinen Typs[17] mit durchbrochenem Griff für organische Einlagen, ein Ösenhalsring und eine kleine Spirale, die als Finger-, Haar- oder Kappenschmuck diente. Alle Objekte sind verschollen.

In Bodman wurden bei Bauarbeiten mindestens vier Gräber eines Friedhofs unbekannter Größe aus der Früh- und Mittelbronzezeit zerstört. Augenzeugenberichten zufolge waren diese Toten auf der Seite ruhend in Hockerstellung beerdigt. Über den Skeletten lagen offenbar große Steinbrocken, die entweder den Sarg oder die Grabgrube bedeckten. Im Konstanzer Rosgarten-

Foto auf Seite 39:

*Mutmaßliches Fragment eines Menhirs
mit abstrakter Darstellung
eines zwei- oder vierrädrigen Wagens
aus Rottenburg-Lindele (Kreis Tübingen)
in Baden-Württemberg.
Erhaltene Länge 99 Zentimeter.
Original im Archäologischen Landesmuseum
Baden-Württemberg, Außenstelle Konstanz*

Museum wurden als einzige erhaltene Funde aus diesen Gräbern eine bronzene Dolchklinge und zwei kleine, nur etwa fingerdicke Goldspiralen ausgestellt. Letztere sind seit Anfang der neunziger Jahre verschollen, vermutlich hat man sie entwendet.

Anscheinend wurden die Toten der Arbon-Kultur in einer archäologisch nicht nachweisbaren Form beigesetzt, welche die Erhaltung der Bestatteten weitgehend ausschloss. Oder man hat ihre Gräber unerkannt zerstört, wofür einige Einzelfunde sprechen könnten. Vielleicht waren die Friedhöfe und Gräber aber auch in Landschaften mit bestimmten Geländeeigenschaften angelegt worden – etwa in Hangfußlage, wo mit mächtigen, meterdicken Auflagen zu rechnen ist. Hier dürften weder die Landwirtschaft noch andere Bodeneingriffe im Normalfall zu Entdeckungen führen.

Anmerkungen

Die Frühbronzezeit in Deutschland
1] Die Zusammenstellung dieser Übersicht über die Verbreitung und Zeitdauer von Kulturen der Frühbronzezeit entstand 1996 mit Hilfe des Anthropologen Peter Schröter von der Anthropologischen Staatssammlung, München sowie der Prähistoriker Friedrich Laux vom Hamburger Museum für Archäologie, Hamburg-Harburg, Rüdiger Krause vom Landesdenkmalamt Baden-Württemberg, Stuttgart, und Joachim Köninger aus Freiburg/Breisgau.

Die Arbon-Kultur
1] Die Seeufersiedlung Bodman-Schachen wurde von 1982 bis 1984 und 1986 bei Tauchsondagen untersucht. Deren Ergebnisse publizierte der Freiburger Prähistoriker Joachim Köninger in seiner Dissertation von 1993.
2] Die Siedlung Egg-Obere Güll wurde 1994 lokalisiert, nachdem Mitte der 1970-er Jahre von dort einzelne frühbronzezeitliche Scherben in Privatsammlungen registriert worden waren.
3] Die »Siedlung Forschner« ist nach dem Zahnarzt Heinrich Forschner (1880–1959) aus Biberach benannt, der sich um die Erhaltung und Erforschung dieser Fundstelle verdient gemacht hat. Der Begriff »Siedlung Forschner« wurde von dem Prähistoriker Oscar Paret

(1889–1972) aus Stuttgart erstmals in den »Fundberichten aus Schwaben« von 1926/28 erwähnt. 1905 ist man dort – einem Bericht Forschners zufolge – beim Torfstechen auf »schwache Spuren von Pfahlbauten gestoßen«. Bis 1920 hat Heinrich Forschner die fraglichen Geländeparzellen angekauft, um vorschnelle Grabungen anderer zu verhindern. Wie aus seinen Tagebüchern hervorgeht, hat er am 7. März 1920 eine Untersuchung vorgenommen. Ende April 1928 führte der Prähistoriker Hans Reinerth (1900–1990) im Auftrag des Urgeschichtlichen Forschungsinstitutes der Universität Tübingen zusammen mit dem Paläobotaniker Karl Bertsch (1878–1965) aus Ravensburg für Pollenanalysen Bohrungen sowie einen vier Meter langen Profilschnitt durch. 1975 erfolgte eine Sondage durch das Landesdenkmalamt Tübingen unter der Leitung des Prähistorikers Hartmann Reim. Von 1982 bis 1989 fanden Grabungen im Rahmen des Schwerpunktprogrammes der Deutschen Forschungsgemeinschaft (DFG) »Siedlungsarchäologische Untersuchungen im Alpenvorland« statt. Diese standen von 1982 bis 1985 unter der Leitung von Erwin Keefer und von 1986 bis 1989 von Wolfgang Torke, beide am Württembergischen Landesmuseum, Stuttgart.

4] Auf dem Veitsberg bei Ravensburg wurden vermutlich schon im 19. oder frühen 20. Jahrhundert unkontrollierte Grabungen vorgenommen. Die erste systematische Untersuchung erfolgte 1980 wegen der geplanten Erweiterung der Jugendherberge durch einen Anbau.

5] Am Nordhang des Kirchberges bei Ammerbuch-Reusten fand 1913 der Gärtner und Waldaufseher Johann

Henne (1882–1964) aus Reusten beim Abbau von Humuserde mehrere Tongefäße. Er zeigte seine Funde dem Pfarrer Georg Finkbeiner (1865–1951) aus Reusten, der sie an den Tübinger Professor Eugen Nägele (1856– 1937) weiterleitete. Dieser informierte das Landeskonservatorium vaterländischer Altertümer in Stuttgart, das im Sommer 1914 die Fundstelle besichtigte. Nach dem Ersten Weltkrieg machte der Oberlehrer und Heimatforscher Wilhelm Mönch (1876–1947) aus Unterjessingen auf Funde vom Kirchberg aufmerksam. Ende Mai 1919 besuchte Oscar Paret (s. Anm. 3) den Kirchberg. 1921, 1923 und 1929 grub Hans Reinerth (s. Anm. 3) auf dem Kirchberg. Beendet wurden diese Grabungen durch den Prähistoriker Hermann Stoll (1904–1944) aus Tübingen, der auch Siedlungsspuren freilegen konnte.

6] Auf dem Lochenstein bei Balingen erfolgten vom 15. September bis zum 20. Oktober 1923 Grabungen des Landesamtes für Denkmalpflege, Stuttgart, unter Leitung des Prähistorikers Gerhard Bersu (1889–1964).

7] Im März 1934 hat der Studienassessor Albert Kley aus Geislingen am Südwesthang des Schlossberges von Ulm/Ehrenstein große Mengen prähistorischer Scherben, darunter auch aus der Frühbronzezeit, gefunden.

8] Die Funde auf dem Schlossberg von Landsberg am Lech waren 1905 bis 1907 bei der Errichtung des Schülerheimes und 1968 bis 1970 beim Bau der Berufsfachschule dem Zufall zu verdanken. Die flüchtige Untersuchung einer kleinen Bodenfläche ließ das

Vorhandensein einer einzigen Siedlungs- beziehungsweise Kulturschicht erkennen.

9] Auf dem Domberg von Freising wurden 1949 beim Neubau des Theologenwohnhauses an der Südseite des Domes prähistorische Scherben und Bronzeobjekte sowie Skelettgräber entdeckt und durch den Präparator Wilfried Titze vom Bayerischen Landesamt für Denkmalpflege geborgen. Die Scherben stammen aus der Frühbronzezeit, Hügelgräber-Bronzezeit und Urnenfelder-Zeit. Die Skelettgräber gehören frühestens dem 8. Jahrhundert n. Chr. an.

10] Das Depot mit 66 Spangenbarren wurde 1921 beim Ausgraben einer Baumwurzel im Bermatinger Unterwald zwischen Bermatingen und Ittendorf freigelegt.

11] Auf den Statuenmenhir aus Tübingen-Weilheim stieß man im April 1985 beim Bau des Hauses Herrenweg 15 in einem Kanalisationsgraben.

12] Das mutmaßlich frühbronzezeitliche Menhirfragment aus Rottenburg-Lindele wurde 1987 im Steinkranz eines frühkeltischen Grabhügels gefunden.

13] Der Friedhof aus der älteren Frühbronzezeit in Rottenburg-Herderstraße mit zehn Gräbern und 13 Bestattungen wurde 1991 entdeckt und untersucht.

14] Die Bestattung bei Reutlingen wurde 1867 in einer Kiesgrube gefunden und 1869 publiziert.

15] Bei verschiedenen Bauarbeiten westlich des Hotels Linde in Bodman-Ludwigshafen wurden seit 1881 wiederholt bronzezeitliche Skelettgräber eines Friedhofes unbekannter Größe zerstört. Dabei sind mindestens vier Gräber beseitigt worden. Wahrscheinlich liegen noch weitere Bestattungen im Boden.

16] Den Begriff Vollgriffdolch vom »Schweizer Typ« hat 1938 der Prähistoriker Otto Uenze (1905–1962) aus Marburg geprägt.

17] Die Bezeichnung Vollgriffdolch vom »Alpinen Typ« hat 1973 der Prähistoriker Jakob Bill aus Luzern vorgeschlagen.

Literatur

Die Frühbronzezeit in Deutschland
ABELS, Björn-Uwe: Archäologischer Führer Oberfranken, Stuttgart 1986
BECKER, Bernd / KRAUSE, Rüdiger / KROMER, Bernd: Zur absoluten Chronologie der Frühen Bronzezeit. Germania, Band 67, 2. Halbband, S. 421–442, Frankfurt/Main 1989
BERGER, Arthur: Die Bronzezeit in Ober- und Mittelfranken. Materialhefte zur Bayerischen Vorgeschichte, Reihe A, Band 52, Kallmünz 1984
BERGMANN, Joseph: Zur frühen und älteren Bronzezeit in Niedersachsen. Germania, Jahrgang 30, S. 21–30, Frankfurt/Main 1952
FRÖHLICH, Siegfried: Zur Archäologie der Bronzezeit und der vorrömischen Eisenzeit in Niedersachsen. Ausgrabungen in Niedersachsen. Archäologische Denkmalpflege 1979–1984. Herausgegeben von der Archäologischen Denkmalpflege im Institut für Denkmalpflege, Niedersächsisches Landesverwaltungsamt durch Klemens Wilhelmi. Berichte zur Denkmalpflege in Niedersachen, Beiheft 1, S. 139–141, Stuttgart 1985
HERRMANN, Joachim (Herausgeber): Archäologie in der Deutschen Demokratischen Republik, Stuttgart 1989
HOLSTE, Friedrich: Die Bronzezeit in Süd- und Westdeutschland. Handbuch der Urgeschichte Deutschlands, Band 1, Berlin 1953

HORST, Fritz: Bemerkungen zur chronologischen Einordnung der frühen und älteren Bronzezeit im mitteleuropäischen Raum. Aus: Beiträge zur Geschichte und Kultur der mitteleuropäischen Bronzezeit, Teil I, S. 169–178, Berlin/Nitra 1990

JACOB-FRIESEN, Karl Hermann: Einführung in Niedersachsens Urgeschichte. 2. Teil. Bronzezeit, Hildesheim 1963

JOCKENHÖVEL, Albrecht: Raum und Zeit – Gliederung der Bronzezeit. Aus: JOCKENHÖVEL, Albrecht / KUBACH, Wolf (Herausgeber): Bronzezeit in Deutschland, Sonderheft der Zeitschrift »Archäologie in Deutschland«, S. 11–14, Stuttgart 1994

JUNGHANS, Siegfried / KLEIN, Hans / SCHEUFELE, Erwin: Untersuchungen zur Kupfer- und Frühbronzezeit Süddeutschlands. 34. Bericht der Römisch-Germanischen Kommission 1951–1953, S. 77–114, Berlin 1954

LAUX, Friedrich: Die Bronzezeit im mittleren Niedersachsen. Führer zu vor- und frühgeschichtlichen Denkmälern, Band 48. Hannover, Nienburg, Hildesheim, Alfeld, Teil I: Einführende Aufsätze, S. 74–90, Mainz 1981

LICHARDUS, Jan: Beiträge zur jüngeren Steinzeit und Bronzezeit im Saar-Mosel-Raum. II. Entstehung der frühen Bronzezeit. 25./26. Bericht der Staatlichen Denkmalpflege im Saarland, S. 31–60, Saarbrücken 1980

REINECKE, Paul: Zur chronologischen Gliederung der süddeutschen Bronzezeit. Germania, Jahrgang 8, S. 43–44, Frankfurt/Main 1924

SCHAUER, Peter: Forschungen zur Geschichte der Bronzezeit in Deutschland. Aus: Ausgrabungen in Deutschland. Teil 1. Vorgeschichte – Römerzeit, S. 121–124, Mainz 1975
SCHUBERT, Eckehart: Studien zur frühen Bronze-zeit an der mittleren Donau. 54. Bericht der Römisch-Germanischen Kommission 1973, Berlin 1974
SCHUCHHARDT, Carl: Vorgeschichte von Deutschland, München und Berlin 1928
SCHUMACHER, Karl: Stand und Aufgaben der bronzezeitlichen Forschung in Deutschland. 10. Bericht der Römisch-Germanischen Kommission, S. 7–85, Frankfurt/Main 1918
SCHWANTES, Gustav: Vorgeschichte von Schleswig-Holstein. Stein- und Bronzezeit, Neumünster 1934–39.
STEINER, Ute: Ausgrabungen und Funde. Registerband für die Jahrgänge 1–25, Berlin 1983
STRUVE, Karl W.: Die frühe Bronzezeit (Periode I). Aus: STRUVE, Karl W. / HINGST, Hans / JANKUHN, Herbert: Von der Bronzezeit zur Völkerwanderungszeit, S. 12–26, Neumünster 1979
WEBER, Gesine: Die Frühe Bronzezeit. Aus: WEBER, Gesine: Händler, Krieger, Bronzegießer. Bronzezeit in Nordhessen. Vor- und Frühgeschichte im Hessischen Landesmuseum in Kassel, Heft 3, S. 56–69, Kassel 1992

Die Arbon-Kultur
ADE-RADEMACHER, Dorothee / RADEMACHER, Reinhard: Der Veitsberg bei Ravensburg. Vorgeschichtliche Höhensiedlung und mittelalterlich-

frühzeitliche Höhenburg. Forschungen und Berichte der Archäologie des Mittelalters in Baden-Württemberg, Band 16, Stuttgart 1993

AUFDERMAUER, Jörg: Die vor- und frühgeschichtliche Besiedlung von Bodman-Ludwigshafen vom Neolithikum bis zur alamannischen Landnahme. Aus: BERNER, Herbert (Herausgeber): Bodman, Dorf, Kaiserpfalz, Adel, S. 44, Sigmaringen 1987

BERSU, Gerhard / GOESSLER, Peter: Der Lochenstein bei Balingen. Fundberichte aus Schwaben, Neue Folge II, S. 73–103, Stuttgart 1924

BILLAMBOZ, André / KOLB, Martin: Die »Siedlung Forschner« im Federseemoor (Stadt Buchau, Kreis Biberach). Archäologische Ausgrabungen in Baden-Württemberg 1982, S. 51–53, Stuttgart 1983

HOCHULI, Stefan / KÖNINGER, Joachim / RUOFF, Ulrich: Der absolutchronologische Rahmen der Frühbronzezeit in der Ostschweiz und in Südwestdeutschland. Archäologisches Korrespondenzblatt, Band 24, Heft 3, S. 269–282, Mainz 1994

HUNDT, Hans-Joachim: Keramik aus dem Ende der frühen Bronzezeit von Heubach (Kr. Schwäbisch Gmünd) und Ehrenstein (Kr. Ulm). Fundberichte aus Schwaben, Neue Folge 14, S. 27–50, Stuttgart 1957

KEEFER, Erwin: Eine früh- und mittelbronzezeitliche Moorsiedlung am Federsee in Oberschwaben. Aus: Die ersten Bauern, Pfahlbaufunde Europas, Band 2, S. 171–175, Zürich 1990

KIMMIG, Wolfgang: Der Kirchberg bei Reusten. Eine Höhensiedlung aus vorgeschichtlicher Zeit. Urkunden zur Vor- und Frühgeschichte aus Südwürttemberg-Hohenzollern, Heft 2, Stuttgart 1966

KOLB, Martin / KÖNINGER, Joachim / SCHÖBEL, Gunter: Taucharchäologie am Bodensee (Kreis Konstanz und Bodenseekreis). Archäologische Ausgrabungen in Baden-Württemberg 1982, S. 45–50, Stuttgart 1983

KÖNINGER, Joachim: Tauchsondagen in den früh- bis mittelbronzezeitlichen Ufersiedlungen am Schachenhorn, Bodmann-Ludwigshafen, Kreis Konstanz. Archäologische Ausgrabungen in Baden-Württemberg 1983, S. 67–68, Stuttgart 1984

KÖNINGER, Joachim: La stratigraphie de Bodman-Schachen dans le contexte Bronze ancien du sud de l'Allemagne. Aus: Fondements culturels, techniques, économiques et sociaux dés debuts de l'aêge du Bronze. 117e congrès des sociétés savantes, Clermont-Ferrand 1992, Paris 1995

KÖNINGER, Joachim: Aspekte frühbronzezeitlicher Kulturen in Süddeutschland. Aus: Die Frühe Bronzezeit zwischen Aare und Rhone. Ausstellungskatalog, S. 61–76, Biel 1995

KÖNINGER, Joachim / SCHLICHTHERLE, Helmut: Zur Schnurkeramik und Frühbronzezeit am Bodensee. Fundberichte aus Baden-Württemberg, Band 15, S. 149–173, Stuttgart 1990

KRAUSE, Rüdiger: Ein alter Grabfund der jüngeren Frühbronzezeit von Reutlingen. Anmerkungen zur Frühbronzezeit Südwestdeutschlands. Fundberichte aus Baden-Württemberg, Band 13, S. 199–212, Stuttgart 1988

MÜLLER-KARPE, Hermann: Funde von bayerischen Höhensiedlungen. Prähistorische Staatssammlung Mün-chen, Kallmünz 1959
PARET, Oscar: Erinnerungen an Heinrich Forschner (1880– 1959). Fundberichte aus Schwaben, N. F., Band 16, S. 187–189, Stuttgart 1962
REIM, Hartmann: Eine frühbronzezeitliche Stele von Tübingen-Weilheim. Archäologische Ausgrabungen in Baden-Württemberg 1985, S. 81–84, Stuttgart 1986
REIM, Hartmann: Der frühbronzezeitliche Menhir von Weilheim, Stadt Tübingen, Kulturdenkmale in Baden-Württemberg. Kleine Führer, Blatt 66, Tübingen 1993
REIM, Hartmann: Kulturelle Kontakte über die Alpen nach Oberitalien. Die Frühe Bronzezeit im Neckartal zwischen Rottenburg und Tübingen im Licht neuer archäologischer Ausgrabungen und Funde. Tübinger Blätter 1993/1994, S. 32–36, Tübingen 1994
RIETH, Adolf: Vorgeschichte der Schwäbischen Alb unter besonderer Berücksichtigung des Fundbestandes der mittleren Alb. Mannus-Bücherei, Band 61, Leipzig 1938
SCHLICHTHERLE, Helmut: Bronzezeitliche Feuchtbodensiedlungen in Südwestdeutschland. Archäologisches Korrespondenzblatt, Bd. 11, S. 21–27, Mainz 1981
STRAHM, Christian: Siedlungsarchäologische Untersuchungen im Alpenvorland. Archäologische Nachrichten aus Baden, Heft 38/39, S. 4–10, Freiburg/Breisgau 1987

STRAHM, Christian: Die frühe Bronzezeit in Südwestdeutschland. Aus: Fondements culturels, techniques, économiques et sociaux dés de l'aêge du Bronze. 117e congrès des sociétés savantes, Clermont-Ferrand 1992, Paris 1995

TORKE, Wolfgang: Die »Siedlung Forschner«, eine befestigte frühbronzezeitliche Station im Federseemoor bei Bad Buchau, Kreis Biberach. Archäologische Ausgrabungen in Baden-Württemberg 1988, S. 50–52, Stuttgart 1989

Bildquellen

Klaus Benz, Fotograf, Mainz-Laubenheim: 57
Reproduktionen von Fotos aus dem Buch
»Deutschland in der Bronzezeit« (1996) von
Ernst Probst: 31, 39 (Archäologisches Landes-
museum Baden-Württemberg, Außenstelle
Konstanz), 20 (Dr. Joachim Köninger, Freiburg/
Breisgau, Foto: Matthias Seitz, Rottenburg/Neckar),
1, 34 (Landesdenkmalamt Baden-Württemberg,
Außenstelle Tübingen, Archäologische
Denkmalpflege), 24 (Prähistorische Staatssammlung,
München), 12, 15 (Römisch-Germanisches Zentral-
museum, Mainz), 30 (Städtische Sammlungen (Braith
Mali-Museum), Biberach an der Riss), 18 (Professor
Dr. Christian Strahm, Albert-Ludwigs-Universität
Freiburg, Institut für Ur- und Frühgeschichte,
Freiburg/Breisgau)
Reproduktion einer Karte aus dem Buch »Deutsch-
land in der Bronzezeit« (1996) von Ernst Probst:
14 (Rainer Veit, Mainz)
Reproduktionen von Zeichnungen aus dem Buch
»Deutschland in der Bronzezeit« (1996) von Ernst
Probst: 27 (Reproduktion aus Joachim Köninger:
Aspekte frühbronzezeitlicher Kulturen in Süd-
deutschland. Aus: Anfänge der Bronzezeit zwischen
Rhone und Aare, S. 72, Abb. 26b, Biel 1995),
11 (Reproduktion aus Jorn Street-Jensen: Christian

Jürgensen Thomsen und Ludwig Lindenschmit: Eine Gelehrtenkorrespondenz aus der Frühzeit der Altertumskunde (1853–1964), Mainz 1985)

Der Autor Ernst Probst

Ernst Probst, geboren am 20. Januar 1946 in Neunburg vorm Wald im bayerischen Regierungsbezirk Oberpfalz, ist Journalist und Wissenschaftsautor. Er arbeitete von 1968 bis 1971 als Redakteur bei den »Nürnberger Nachrichten«, von 1971 bis 1973 in der Zentralredaktion des »Ring Nordbayerischer Tageszeitungen« in Bayreuth und von 1973 bis 2001 bei der »Allgemeinen Zeitung«, Mainz. In seiner Freizeit schrieb er Artikel für die »Frankfurter Allgemeine Zeitung«, »Süddeutsche Zeitung«, »Die Welt«, »Frankfurter Rundschau«, »Neue Zürcher Zeitung«, »Tages-Anzeiger«, Zürich, »Salzburger Nachrichten«, »Die Zeit", »Rheinischer Merkur«, »Deutsches Allgemeines Sonntagsblatt«, »bild der wissenschaft«, »kosmos«, »Deutsche Presse-Agentur« (dpa), »Associated Press« (AP) und den

»Deutschen Forschungsdienst« (df). Aus seiner Feder stammen die Bücher »Deutschland in der Urzeit« (1986), »Deutschland in der Steinzeit« (1991), »Rekorde der Urzeit« (1992), »Dinosaurier in Deutschland« (1993 zusammen mit Raymund Windolf) und »Deutschland in der Bronzezeit« (1996). Von 2001 bis 2006 betätigte sich Ernst Probst als Buchverleger sowie zeitweise als internationaler Fossilienhändler und Antiquitätenhändler. Insgesamt veröffentlichte er mehr als 100 Bücher, Taschenbücher, Broschüren und E-Books.

Bücher von Ernst Probst

Annie Oakley
Die Meisterschützin des Wilden Westens

Archaeopteryx. Der Urvogel
aus Bayern

Christl-Marie Schultes. Die erste Fliegerin in Bayern
(zusammen mit Theo Lederer)

Cortés und Malinche. Der spanische Eroberer
und seine indianische Geliebte

Der Europäische Jaguar

Der Mosbacher Löwe
Die riesige Raubkatze aus Wiesbaden

Der Rhein-Elefant
Das Schreckenstier von Eppelsheim

Der Schwarze Peter
Ein Räuber im Hunsrück und Odenwald

Der Ur-Rhein
Rheinhessen vor zehn Millionen Jahren

Deutschland im Eiszeitalter

Deutschland in der Frühbronzezeit

Deutschland in der Mittelbronzezeit

Deutschland in der Spätbronzezeit

Die Aunjetitzer Kultur in Deutschland

Die Straubinger Kultur in Deutschland

Die Singener Gruppe

Die Arbon-Kultur in Deutschland

Die Ries-Gruppe und die Neckar-Gruppe

Die Adlerberg-Kultur

Der Sögel-Wohlde-Kreis

Die nordische Bronzezeit in Deutschland

Die Hügelgräber-Kultur in Deutschland

Die ältere Bronzezeit in Nordrhein-Westfalen

Die Bronzezeit in der Lüneburger Heide

Die Stader Gruppe

Die Oldenburg-emsländische Gruppe

Die Urnenfelder-Kultur in Deutschland

Die ältere Niederrheinische Grabhügel-Kultur

Die Unstrut-Gruppe

Die Helmsdorfer Gruppe

Die Saalemündungs-Gruppe

Die Lausitzer Kultur in Deutschland

Die Dolchzahnkatze *Megantereon*

Die Dolchzahnkatze *Smilodon*

Die Säbelzahnkatze *Machairodus*

Die Säbelzahnkatze *Homotherium*

Die Schweiz in der Frühbronzezeit

Die Schweiz in der Mittelbronzezeit

Die Schweiz in der Spätbronzezeit

Dinosaurier von A bis K. Von *Abelisaurus* bis zu *Kritosaurus*

Dinosaurier von L bis Z. Von *Labocania* bis zu *Zupaysaurus*

Eiszeitliche Geparde in Deutschland

Eiszeitliche Leoparden in Deutschland

Frauen im Weltall

Höhlenlöwen. Raubkatzen
im Eiszeitalter

Johann Jakob Kaup
Der große Naturforscher aus Darmstadt

Julchen Blasius
Die Räuberbraut des Schinderhannes

Königinnen der Lüfte in Deutschland

Königinnen der Lüfte in Europa

Königinnen der Lüfte in Amerika

Königinnen der Lüfte von A bis Z

Königinnen des Tanzes

Malende Superfrauen

Meine Worte sind wie die Sterne
Die Entstehung der Rede des Häuptlings Seattle
(zusammen mit Sonja Probst)

Monstern auf der Spur
Wie die Sagen über Drachen, Riesen
und Einhörner entstanden

Österreich in der Frühbronzezeit

Österreich in der Mittelbronzezeit

Österreich in der Spätbronzezeit

Pompadour und Dubarry. Die Mätressen
von Louis XV.

Raub-Dinosaurier von A bis Z.
Mit Zeichnungen von Dmitry Bogdanav
und Nobu Tamura

Rekorde der Urmenschen
Erfindungen, Kunst und Religion

Rekorde der Urzeit
Landschaften, Pflanzen und Tiere

Säbelzahnkatzen. Von *Machairodus*
bis zu *Smilodon*

Säbelzahntiger am Ur-Rhein. *Machairodus*
und *Paramachairodus*

Superfrauen aus dem Wilden Westen

Superfrauen 1 – Geschichte

Superfrauen 2 – Religion

Superfrauen 3 – Politik

Superfrauen 4 – Wirtschaft und Verkehr

Superfrauen 5 – Wissenschaft

Superfrauen 6 – Medizin

Superfrauen 7 – Film und Theater

Superfrauen 8 – Literatur

Superfrauen 9 – Malerei und Fotografie

Superfrauen 10 – Musik und Tanz

Superfrauen 11 – Feminismus und Familie

Superfrauen 12 – Sport

Superfrauen 13 – Mode und Kosmetik

Superfrauen 14 – Medien und Astrologie

Bestellungen bei: http://www.grin.com